Menno Doden

Buddha's Poesie

108 bebilderte VERSE für den Alltag

BoD-VERLAG

Bildergalerie

Inhalt

Bibliografische Information der Deutschen Nationalbibliothek: Die Deutsche Nationalbibliothek verzeichnet diese Publikation in der Deutschen Nationalbibliografie; detaillierte bibliografische Daten sind im Internet über http:/dnb.dnb.de abrufbar.

Mit freundlicher Genehmigung durch den Verlag Beyerlein - Steinschulte, Herrnschrot.

Layout, Cover und alle Fotos von Menno Doden.

Herstellung und Verlag:
BoD - Books on Demand, Norderstedt.

ISBN: 978-3-749-45434-1

Vorwort

Dieses Buch ist eine persönliche Sammlung aus der Anthologie: „Die Reden des Buddha – Sammlungen in Versen", aus dem Pali-Kanon übersetzt von Karl Eugen Neumann, (Wien, *1865, ✝1915), erschienen als Neuauflage im Verlag Beyerlein und Steinschulte, 2015, ISBN 978-3-931095-6.

Es ist ein kleiner Ausschnitt dieses großen Werkes, aber es macht einem den Einstieg leicht und verschafft eine erste Übersicht. Wenn man nicht mit den Lehren des Buddha (*563, ✝483 v.Chr.) vertraut ist, soll es einen Einblick geben.

Wenn man den Weg des Buddha geht, könnte es eine Anregung sein, die gesamte Sammlung in Versen zu lesen.

Die Bilder dazu sind persönliche Reise-impressionen von je zwei Pilgerreisen nach Indien / Bodh Gaya und Sri Lanka / Kandy.

Namo Buddhaya.

Menno Doden, Wien 2019

„Du bist der Wache, bist der Herr,
hast überwunden Todesweh,
Hast überwältigt Wunschgewalt,
Errettet rettest andre du."

(S. 127, V. 545)

001

Der reiche Landwirt (1)

Der reiche Landwirt:
Der Reis ist gar gekocht, der Rahm ist abgeschöpft,
Am Flusse weil' ich in der Au gemeinsam hier,
Ein Dach bedeckt mich, Feuer flammt am Herd:
Wohlan, o Wolke, willst du, riesle, regne recht.

Der Herr:
Der Reiz ist gar gekocht, der Gram ist abgeschöpft,
Am Flusse weil' ich in der Au alleinsam hier,
Kein Dach bedeckt mich, Feuer flammt nicht mehr:
Wohlan, o Wolke, willst du, riesle, regne recht.

Der reiche Landwirt (2)

Der reiche Landwirt:

Mein Weib ist willig und mir treu vertraut,
Im langen Beisein mir geworden lieb und wert,
Vernommen Übles hab' ich nie von ihr:
Wohlan, o Wolke, willst du, riesle, regne recht.

Der Herr:

Mein Geist ist willig, haftet nirgend an,
In langer Übung ist er worden mildgemut,
Nichts Übles find' ich aus an ihm:
Wohlan, o Wolke, willst du, riesle, regne recht.

003

Der reiche Landwirt (3)

Der reiche Landwirt:
Die Pfähle sind verrammt, unrüttelbar,
Die Bande bastgeflochten, neu, die halten fest,
Und auch kein Farre* kann sich reißen los davon:
Wohlan, o Wolke, willst du, riesle, regne recht.

Der Herr:
Dem Stiere gleich, entzwei der seine Bande reißt,
Wie fauler Schlinge stracks der Elefant entschlüpft,
Nie kehr' ich wieder neu dem Schoße zu:
Wohlan, o Wolke, willst du, riesle, regne recht.

* Bulle

Der reiche Landwirt (4)

Der Herr:

Bejubeln mag der Kinderreiche Kinder,
Der Hirt, er mag die Herde so bejubeln:
Anhaften, sag' ich, macht den Menschen jubeln;
Nie jubelt wieder, wer da nirgend haftet.

Betrauern mag der Kinderreiche Kinder,
Der Hirt, er mag die Herde so betrauern:
Anhaften, sag' ich, macht den Menschen trauern;
Nie trauert, wer da nirgend haftet.

005

Das Nashorn (1)

Sich aller, die lebendig sind, erbarmen,
Nicht irgend einem Unruh' da bereiten,
Den Sohn nicht suchen, minder noch Genossen,
Allein nur wie das Nashorn mag man wandern.

Ein Wild im Walde, nirgendwo gefesselt,
Nach Willkür wie es schweift auf seiner Fährte:
Verständig umgehn, eingedenk der Freiheit,
Allein nur wie das Nashorn mag man wandern.

Das Nashorn (2)

Wie launisch locken doch Begierden hold heran,
Und übermächtig reißt am Herzen ihre Macht;
Erblickt man in Begier verborgen Elend,
Allein nur wie das Nashorn mag man wandern.

Der Dornenzaun der Ansicht ist zertreten,
Der Steg erstiegen, Pfad erfunden weiter,
Ein Wissen spür' ich, keinem mehr erspähbar:
Allein nur wie das Nashorn mag man wandern.

Das Nashorn (3)

In Liebe, Gleichmut, Mitleid ab sich lösen,
Und auch in Freude wirken so beizeiten:
Die ganze Welt in Frieden durchzuleuchten,
Allein nur wie das Nashorn mag man wandern.

Von Gier und Hass und Irrsal abgeschieden,
Zerrissen wo herab die Schlingen gleiten:
Von Schwanken frei wo Leben langsam endet,
Allein nur wie das Nashorn mag man wandern.

Der Knecht (1)

Der reiche Mann, der viel besitzt,
An Golde, Gütern Fülle häuft,
Allein sich selbst nur gönnt Genuss:
So kennt man Knechtes Angesicht.

Auf Adel stolz, Vermögen stolz,
Um Abkunft wer sich rühmen mag,
Den Stamm der Ahnen überschätzt:
So kennt man Knechtes Angesicht.

009

Der Knecht (2)

Sein' Eh'gemahl' genügt ihm nicht,
Im Kreis Geliebter wird ihm wohl,
Der Frau des andern geht er nach:
So kennt man Knechtes Angesicht.

Verwelkter Mann, der heim noch führt
Ein Mädchen, flaumig auferblüht,
Aus Eifer nicht mehr schlafen kann:
So kennt man Knechtes Angesicht.

Der Knecht (3)

Dem Weibe, das Verschwendung liebt,
Und auch dem Manne, der verprasst,
Nach Willkür unterworfen sein:
So kennt man Knechtes Angesicht.

Das heißt man Knechtschaft in der Welt;
Gelehrig die man leicht erkennt:
Wo heilig dann empor man blickt
Um heiter seinen Gang zu gehen.

011

Der Hundsfott* (1)

Von Zorn entzündet, Neid erhitzt,
Wer heimlich Bosheit in sich birgt,
Mit falschem Blicke Heuchler bleibt:
Er heißt ein Hundsfott, wie man sagt.

Ein Tier der Erde, Tier der Luft,
Wer je ein Wesen da verletzt,
Bei Leben kein Erbarmen kennt:
Er heißt ein Hundsfott, wie man sagt.

* Schurke

Der Hundsfott (2)

Ein Darlehn wer sich aus da leiht
Und ab dann leugnet, mahnt man ihn,
„Nichts hab' ich je gelieh'n von dir":
Er heißt ein Hundsfott, wie man sagt.

Zu eignen Gunsten, andrer Gunst,
Wer irgend auf Gewinn bedacht,
Verhört als Zeuge, Lüge spricht:
Er heißt ein Hundsfott, wie man sagt.

013

Der Hundsfott (3)

Wer böse Tat begangen hat.
„Man braucht es nicht zu wissen" wünscht,
Verstohlen handelt, wohlverstellt:
Er heißt ein Hundsfott, wie man sagt.

Bei andern wer zu Gaste geht,
Erles'ne Gabe gern genießt,
Bei sich den Gast nicht wiederehrt:
Er heißt ein Hundsfott, wie man sagt.

Der Hundsfott (4)

Den Nächsten wer aus Habgier neckt
Um schlimm zu raten, schlau für sich,
Kein Schämen, kein Bescheiden kennt:
Er heißt ein Hundsfott, wie man sagt.

Geburt macht keinen Hundsfott aus,
Geburt lässt keinen Priester sein:
Die Tat macht einen Hundsfott aus,
Die Tat lässt einen Priester sein.

015

Liebe (1)

Was uns irgend an lebendig blickt,
Ob nun zart, ob grob geraten, was es sei,
Groß gegründet ob es mächtig um sich greift,
Oder Mitte hält, auch winzig klein besteht:

Sichtbar was geworden, was unsichtbar bleibt,
In der Ferne was auch wandelt, nahebei,
Leben wo da atmet oder atmen will:
Allen Wesen wünsch' ich Heil nach ihrer Art.

Liebe (2)

Liebe soll durchleuchten so die ganze Welt.
Unbegrenzbar einbegreifen in der Brust:
Oben, unten, mitten quer hindurch
Unermesslich strahlen, ohne Grimm und Groll.

Ob man steh'n, ob gehen, und ob man sitzen mag,
Niederliegen, treibt man nur die Trägheit aus:
Innig mag den Geist man gründen so,
Heilig, darf man hier es heißen, heimgekehrt.

017

Hemvato* (1)

Fünf Wunschgebiete kennt die Welt,
Gedenken noch als sechstes dann:
Den Willen wer da von sich weist,
Der Leiden ledig wird er so.

Der Ausgang ist es aus der Welt,
Erwiesen wirklich offenbar:
Ich hab' es deutlich euch gezeigt,
Der Leiden wie man ledig wird.

* Buddha spricht zu H.

Hemvato (2)

In Tugend tüchtig immerdar,
Gewitzigt, einig in sich selbst,
Im eignen Geiste sinnig sein:
So kreuzt man schwer gekreuzte Flut.

Von Liebreiz nicht mehr angelockt,
Entbunden aller Bande hier:
Wer G'nügelust versiegen ließ,
Zu Grunde sinkt ein solcher nicht.

019

Der Alavaker* (1)

Der Alavaker:

Was gilt doch hier als höchstes Gut dem Menschen,
Wie mag ein rechter Wandel Glück bereiten?
Was darf als feinster Wohlgeschmack uns dünken,
Und was für Leben lebt man hier am besten?

Der Herr:

Vertrauen gilt als höchstes Gut dem Menschen,
Gerechter Wandel kann da Glück bereiten;
Der feinste Wohlgeschmack, es ist die Wahrheit,
Ein weises Leben lebt man hier am besten.

* Angehöriger eines ind. Volksstammes.

Der Alavaker (2)

Der Alavaker:

Wie kann man kreuzen durch die Flut,
Wie kommt man über's Meer dahin?
Verwinden kann man wie das Leid,
Wie kann man lauter langen an?

Der Herr:

Vertrauen trägt uns durch die Flut,
Ein ernster Eifer über's Meer;
Des Menschen Mut verwindet Leid,
Mit Weisheit langt man lauter an.

021

Siegbar (1)

Dahin ob wandeln oder stehn,
Ob sitzen, ob man liegen mag,
Herab sich beugen, richten auf:
Man heißt es Körperregung hier.

Aus Bein und Sehnen aufgebaut,
Mit Muskeln und mit Fleisch bedeckt,
Der Körper, mit der Haut verhüllt,
Er scheint nicht was er wirklich ist.

Siegbar (2)

Im Haupte, hohl gewölbt empor,
Ist Hirn enthalten allzumal:
Wie schön das sei, vermeint der Tor,
Unwissen blendet ihm den Blick.

Bei so bestand'nem Körper da
Sich stolz noch dünken, hochgemut,
Gering auf andre sehn herab:
Wo gäb' es ärgern Unverstand?

023

Siegbar (3)

Gehör dem Meister wer gelieh'n
Gelauscht hat weise hier als Mensch:
Er mag den Körper wohl versteh'n,
Erkennen was er wirklich ist.

So Lust wie Reiz wer rein verlor,
Gelauscht hat weise hier als Mensch:
Den Frieden fand er ewig aus,
Erloschen geht er sicher hin.

Der Denker (1)

Verstanden hat er innig alle Stätten,
Nicht eine will er irgend noch entdecken:
Als Denker unbegehrsam ist er gierlos,
Nie schwimmt er wieder, angelangt am Ufer.

Allüberwinder, Alleskenner, kundig,
Von allen Dingen ewig abgeschieden,
Verlassend alles, lebenswahngeläutert:
Ihn künden wohl die Weisen an als Denker.

Der Denker (2)

Dem Winde gleich, der nicht am Netze haftet,
Wie Lotus, den kein Tropfen kann beträufeln,
Der andern Lenker, unlenkbar von andern:
Ihn künden wohl die Weisen an als Denker.

Der Welt Erforscher, fand er höchstes Heiltum,
Hin durch die Meeresflut entkam er über so,
Zerhieb den Knoten, ohne Fessel wahnversiegt:
Ihn künden wohl die Weisen an als Denker.

Weihgebet (1)

Den Ort bewohnen, der uns taugt,
Beflissen redlich sein vorher,
Des rechten Zieles wohlbewusst:
Das ist das beste Weihgebet.

Erfahren tüchtig sein, geschickt,
Geübt in edler Sitte Werk,
Ein Wort erschließen schlicht und echt:
Das ist das beste Weihgebet.

027

Weihgebet (2)

Vor Bösem, Abscheu, Überdruss,
Vor Trunkenheit behüten sich,
Besonnen auf die Dinge sehn:
Das ist das beste Weihgebet.

Gewichtig, aber ohne Wust*,
Bedürftig nimmer, dankbar noch,
Der Lehre zeitig lauschen zu:
Das ist das beste Weihgebet.

* Durcheinander

Weihgebet (3)

Berührt von Dingen dieser Welt
Bei wem das Herz da nimmer bebt,
Unsehrbar* worden, sauber, heil:
Das ist das beste Weihgebet.

Wer das getan, vollendet hat,
Unüberwunden überall,
Geht überall genesen ein:
Das ist das beste Weihgebet.

* unverwundbar

029

Angst (1)

Yakkho:
Begier und Hass, woher entstammen diese,
Unlust und Lust und Angst, woher erwachsen die,
Woher erheben geistig sich Gedanken,
Wie Kinder nach dem Vogel hinzuhaschen*?

Der Herr:
Begier und Hass, von hier** entstammen diese,
Unlust und Lust und Angst, von hier erwachsen die,
Von hier erheben geistig sich Gedanken,
Wie Kinder nach dem Vogel hinzuhaschen.

* fangen wollen
** ...aus dem Geist...

Angst (2)

Sehnsuchtentsprossen, selbsterzeugt,
Luftwurzelnd wie der Feigenbaum,
Je einzeln wunschhaft abgesenkt,
Lianenwerk im Walde gleich.

Wer das verstanden hat, woher es abstammt,
Er wird es von sich stoßen, wisse, Yakkho;
Die Fluten, die man schwer nur kreuzt, er kreuzt sie,
Nie vorgekreuzt, nie wieder her zu kehren.

031

Das Boot (1)

Von wem die Lehre einem da gezeigt wird,
Wie Geist den Götterherrn verehr' man diesen:
So dass verehrt er heiter ihm geneigt sei,
Erfahren tief die Lehre aufzuweisen.

Mit Andacht achtet auf den Sinn man eifrig,
Der Lehre Stufen nach und nach ersteigend:
Verständig wird er stark, der feine Forscher,
Getreu der Lehre folgend, unverdrossen.

Das Boot (2)

Als ob man in den Strom hinab sich stürzte
Wenn Hochgewässer spritzend übersprudeln:
Gerissen rasch hinweg im Flutgetriebe
Wie möchte so man Retter sein den andern?

Gleichwie das Boot, das starke, wird bestiegen,
Mit wohlvertrautem Ruder ausgerüstet:
Erretten also mag er da gar manche,
Der hier zu helfen weiß, geschickt ermessen.

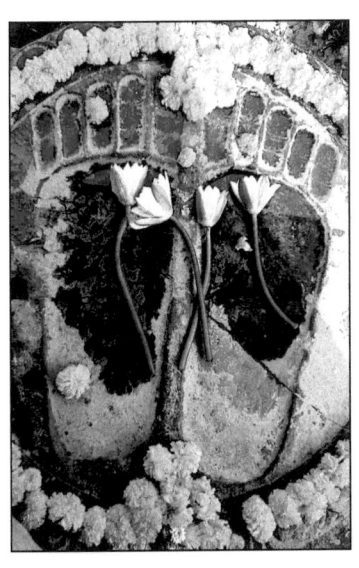

033

Wie taugt man (1)

An Rechtem froh sein, rechterfreut,
Bei Rechtem bleiben, fein das Rechte finden,
Entraten gern der Rechtverderber Deutung,
Auf echte achten, wohlgesproch'ne Worte.

Ein Jauchzen, Seufzen, sich beklagen, ärgern,
Erheucheln, Hintergehn, Gelüsten, Dünken,
Gewaltsam rohe, raue Tat, Verblendung
Vergisst man, ohne Rausch, in sich geborgen.

Wie taugt man (2)

Den Sinn versteht man wohlgesproch'ner Worte,
Versteht als Einigtum den Sinn der Botschaft;
Es kann Erkenntnis, Kunde nicht erworben sein
Wo hastig einer hineilt unbesonnen.

Wer an der Lehre, heilig offenbar, sich labt,
Unüberwindlich ist sein Wort, Gedanke, Werk;
In Frieden, Frohmut, Einigtum bestanden stark
Ergründet hat man hell der Botschaft Inbegriff.

035

Vollkommene Wanderschaft (1)

Bei wem Gebete nicht mehr keimen auf,
Entwurzelt Träume sind und Scheingesichte*:
Gebeten so wie Flüchen fern entkehrt
Vollkommen durch die Welt man wandern mag.

Empfinden will man keine Menschenlust,
Empfangen auch kein Götterglück, der Mensch,
Hat überstanden Dasein, kennt die Lehre:
Vollkommen durch die Welt man wandern mag.

* Illusionen

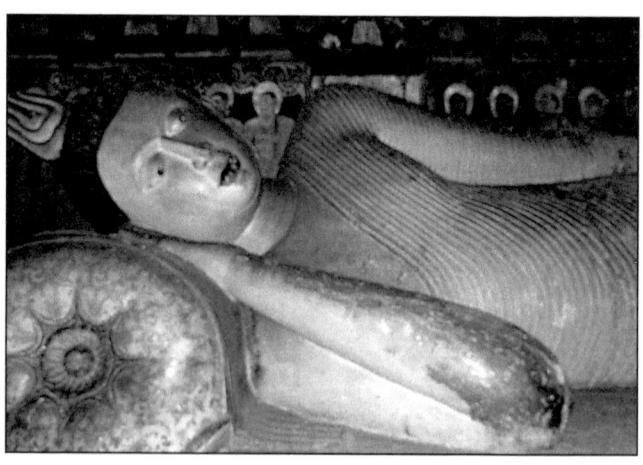

Vollkommene Wanderschaft (2)

Gelassen hat man hinter sich das Lästern,
Mag Harm und Habsucht missen gern, der Mensch,
Genügen, Missgenügen fern entkehrt
Vollkommen durch die Welt man wandern mag.

Genehm und Ungenehm wer meiden kann
Ist ohne Hangen nirgend wieder eingepflanzt:
Entfesselt aus dem Fesselwerk
Vollkommen durch die Welt man wandern mag.

037

Vollkommene Wanderschaft (3)

Begierde nicht, Genusse nicht geneigt,
Nie trennen und nie binden wieder mag der Mensch:
Nie Frage mehr erfragen, heil im Herzen,
Vollkommen durch die Welt man wandern mag.

Bei wem da jedes Angewöhnen schwand,
Von Grund aus Übel wer entwurzelt hat,
Von Hoffen heil ist, nicht mehr hoffen kann,
Vollkommen durch die Welt man wandern mag.

Vollkommene Wanderschaft (4)

Vergang'nen Zeiten, Zeiten künftighin,
Entgangen Zwecken, überhell geklärt,
Von allen Reichen lauter abgelöst
Vollkommen durch die Welt man wandern mag.

Den Pfad erfand er, sah die Lehre wohl,
Verborgnes offenbar, geschwunden war der Wahn:
Weil nun kein Haften je mehr hemmen kann,
Vollkommen durch die Welt man wandern mag.

039

Dhammiko* (1)

Kein Wesen töten, keins zu Tode bringen,
Und nicht, wenn andre töten, gut es heißen,
Sich aller, die lebendig sind, erbarmen,
Als Tier, als Pflanze, was sie auch geworden.

Dann soll man Ungegeb'nes nicht sich nehmen,
Nicht irgend je, als Jünger, der erweckt ist,
Noch nehmen anbefehlen, gut es heißen:
Was nicht gegeben sei gemieden weislich.

* Buddha spricht zu D.

Dhammiko (2)

Mit andern im Vereine, bei Gesellschaft,
Allein mit einem, lügen soll man niemals,
Noch lügen anbefehlen, gut es heißen:
Was nicht erwiesen sei gemieden weislich.

Berauschend was erregt, er wird es lassen,
Der Hausherr, der sich dieser Lehre zukehrt,
Noch raten zu Berauschung, gut es heißen,
„Berückend* ist es", also denkt er richtig.

* faszinierend, betörend

041

Kampf (1)

Gelüste sind dein erstes Heer,
Das zweite Unmut ist genannt,
Das dritte Gier nach Speis' und Trank,
Das vierte wird geheißen Durst;

Das fünfte matte Müdigkeit,
Das sechste heißt man feige Furcht,
Das siebte, das ist Zweifelsucht,
Verstellung, Stumpfsinn achtes Heer.

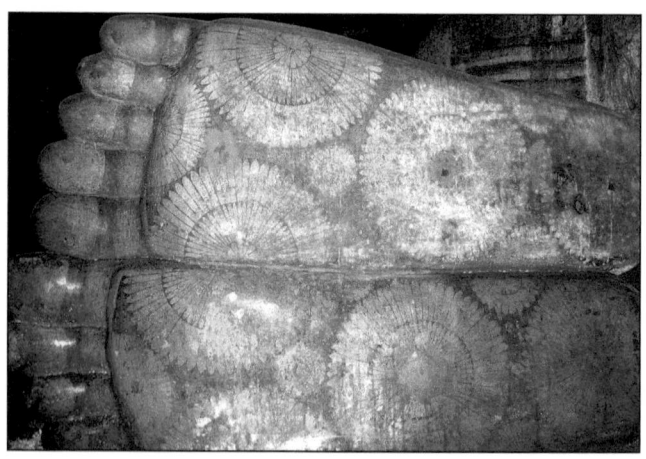

Kampf (2)

Gewinn und Ruhm und Ehrenpreis
Und Ansehn, ungerecht erlangt,
Und Eigenliebe, Eigenlob,
Und Nächstentadel, Nächstenhass.

Den ganzen Heerbann nehm' ich wahr,
Gerüstet Mara*, kampfbereit:
Zum Streit entgegen geh' ich ihm,
Er soll mich treffen nicht mehr hier.

* „der Versucher"

043

Wohlgesprochen (1)

Als Erstes preisen Edle Wohlgesproch'nes,
Zu reden recht, nicht unrecht, als das Zweite,
Unfreundlich nicht, zu reden freundlich, drittens,
Und viertens nicht verstohlen, wahr zu reden.

Nur solche Rede sei gewählt,
Die keine Reue glimmen lässt
Und keinen andern kränken kann:
Wer also redet, redet wohl.

Wohlgesprochen (2)

Nur sanfte Rede sei geübt,
Nur solche, die das Herz erhebt:
Was ohne Übel, ohne Arg
Den Menschen innig mutet an.

Und was der Meister meldet hier,
Gewisser Wahnerrettung Heil,
Zu roden Leid und Elend aus,
Ist wahrlich aller erstes Wort.

045

Sabhiyo (1)

Allseitig ausgeglichen, klar besonnen,
Mit keinem in der ganzen Welt entzweibar,
Dahingekehrt asketenheil:
Wer nimmer sich empört, genügsam heißt man ihn.

Erzogen wer die Sinne selbstgewaltig,
Nach innen wie nach außen aller Orten,
So Diesseits hat wie Jenseits abgewiesen:
Gemach die Zeit erwartend wird er milde.

* Buddha spricht zu S.

Sabhiyo (2)

Wer Zweck und Absicht abgetan hat ewig,
Der Wandelwelt ihr Doppelweh', Geburt und Grab:
Entmakelt, ohne Überrest, gereinigt,
Versiegt an Dasein heißt er wach geworden.

Vollender, wer gelassen Gut und Böse,
Entmakelt, wer verstanden Dies- und Jenseits,
An Leben wie an Sterben fern vorüber:
Beständig heißt wer sich dahingebracht.

047

Sabhiyo (3)

Gesäubert wer sich ab von allem Bösen,
Nach innen wie nach außen aller Orten,
Wo Götter und wo Menschen Absicht lenkt
Von keiner Absicht weiß, ihn heißt man sauber.

Verbrechen wer da nimmer nahe kommt,
Ein jedes Joch und jeden Strick hat abgestreift,
Nicht irgend angeschlossen ledig steht,
Heißt ungebrochen, stark, wer sich dahingebracht.

Sabhiyo (4)

Wer doppelt wehe Fährte überschritten,
Nach innen wie nach außen rein beraten
An schwarz und weiß vorübergeht:
Erfahren heißt er, stark, wer sich dahingebracht.

Wer seine Ketten ab sich kappen kann,
Nach innen wie nach außen bodeneng,
Aus dieser Engnis Bodenfalle fern entkehrt:
Hochangesehn ist stark wer sich dahingebracht.

049

Denktum (1)

„Wie ich bin sind es jene dort,
Wie jene sind bin ich es da“:
Sich selber wer als Gleichnis nimmt,
Nicht mag man morden, töten nicht.

In Schauung innig eingedenk
Am Waldgelände weilt man gern,
Mag schauen also, baumbeschirmt,
Bei sich allein beseligt sein.

Denktum (2)

Das Denktum weiter weis' ich dir:
Wie Messerschneide werde scharf,
Die Zunge halt am Gaumen fest,
Am Leibe sei du wohlgewahrt.

Das lernet von der Flüsse Flut,
Vom Bergesbach, vom Stufensturz:
Geschwätzig wellt ihr Wasserschwall –
Verschwiegen wellt der Ozean.

051

Denktum (3)

Wo Mangel ist ist Lärm erzeugt,
Was voll ist ist in sich gefasst;
Halbleerem Kruge gleicht der Tor,
Dem tiefen See der kluge Mensch.

Und wer als Kenner in sich geht,
Als Kenner wenig Worte spricht:
Als Denker ziemt ihm Denkerpreis,
Als Denker gilt ihm Denkerziel.

Höhle

Gefesselt in der Höhle, vielverkettet,
Verharrt der Mensch, versunken tief in Irrsal,
Gar fern der Einkehr also doch entraten:
Kaum ab ja lässt man in der Welt von Wünschen.

Begier ist Fessel, Daseinslust die Kette:
Da löst man schwer sich, und kein andrer löst uns;
Dahinten, was vorbei ist, sieht man wieder:
„Das sind die Wünsche", seufzt man, „einst genossen!".

053

Beider Seiten Anblick (1)

Das Leiden aber wer erkennt,
Wie Leiden sich entwickeln kann,
Und wo das Leiden allzumal
Sich ohne Überrest verliert,
Und wer den Weg da wohl gewahrt,
Aus Leiden der hinüberlenkt:

Gemütserlöst, er wird es bald,
Weisheitserlöst nicht minder sein;
Man kann das Ende wirken aus,
Geburt und Alter übersteh'n.

Beider Seiten Anblick (2)

Geburt und Grab im Wandelsein
Wer immer wieder kreist hindurch,
Durch dieses Dasein, Dasein dort:
Unwissen lässt ihn wandern so.

Unwissen heißt die tiefe Nacht,
Darin man hier so lange kreist:
Erworben wer da Wissen hat
Geht nimmer neuen Werdegang.

055

Beider Seiten Anblick (3)

Was irgend auch an Leid entsteht,
Aus Unterschieden stammt es her;
Wo Unterschiede schwinden weg,
Nicht kann da Leid entwickelt sein.

Vollkommen blickend weise durch,
Vollkommen wissend aufgeklärt:
Entronnen aus dem Todesreich
Befährt man keinen Werdegang.

Beider Seiten Anblick (4)

Was irgend auch an Leid entsteht,
Ist aus Bewusstsein hergestammt;
Bewusstsein wo man schwinden lässt,
Nicht kann da Leid entwickelt sein.

Wer jenen Jammer wohl gemerkt,
Dass aus Bewusstsein Leid erfolgt:
Bewusstsein stillen mag der Mensch,
Erlöschen also, ausgeglüht.

057

Beider Seiten Anblick (5)

Anhaften züchtet Werden auf,
Geworden reift man Leiden zu:
Entstanden muss gestorben sein,
Das Leid, entwickelt wird es so.

Anhaften wer da mindern kann,
Vollkommen wissend aufgeklärt:
Entstehung mindern wer versteht
Geht nimmer neuen Werdegang.

Beider Seiten Anblick (6)

Was irgend auch an Leid entsteht,
Berührung geht im Grunde vor;
Berührung wo man schwinden lässt,
Nicht kann da Leid entwickelt sein.

Den Durst nach Dasein wer getilgt,
Den Geist beschwichtigt hat, der Mensch:
Sein Lebensbrunnen ist verbraucht,
Und nimmer gibt es Wiederkehr.

059

Wunsch (1)

Ein Wunsch, erwünscht man ernstlich ihn,
Und hat erfüllt ihn sehn bei sich:
Gewiss, der macht gar wohlgemut,
Erlangt der Mensch nur was er will.

Wer Wünsche wie den Viperkopf,
Der nach der Ferse faucht, umgeht,
Entkommt aus dieser geilen Welt,
mit Weisheit, ohne Wiederkehr.

Wunsch (2)

Wer Feld und Haus und Gold begehrt
Und Rinder, Rosse, Dienertross*,
Um Frauen, um Genossen wirbt,
Gemeine Wünsche, wer sie nährt:

Die Schwachen, ja die schwächen ihn,
An Klippen wird er scheitern bald:
Notwendig dringt ihm Leiden nach,
Wie Wasser eindringt in das Wrack.

* Gefolge

061

Unbill

Der Mensch, der was ihn dünkt als eigne Tugend
Und ungebeten andern mag verkünden:
Unheilig heißen Kenner solche Sitte,
Wo selber nur man sich zu künden suche.

Zurecht wer sich die Dinge legt und einreiht,
Sie vor sich stellt, nicht hinter sich gestellt hat,
Bei sich erscheint ein Schatz ihm aufgestiegen:
Da fasst er an – und wieder schwankt es weiter.

Rein

Vergang'nem fern um Künft'gem nachzuhängen,
Verlockt von Launen kann man nicht entkommen:
Sich fest nur halten will man, wiederfassen,
Dem Affen gleich, der Ast um Ast umgaukelt.

Die Schranken, wer sie heilig überschritten,
Vom Wissen hat er, hat von Sehn gelassen;
Kein Reiz erregt ihn, keine Reizerrettung,
Nicht hüben hat er, drüben nicht erkoren.

063

Allwahr (1)

Allwahr sich eigne Ansicht angewöhnen,
Und was man da noch weiter mag erwerben,
Das alles als verächtlich von sich weisen:
Nicht kann man Widersprüche so verwinden.

Wo nun ein Schatz erscheint ihm aufgestiegen,
Als wie beim Sehn und Hören, Handeln, Denken:
Gar hastig eilt er gleich danach zu haschen,
Verächtlich will ihn dünken alles andre.

Allwahr (2)

Doch nur als Schlinge kann es Kennern gelten,
Worin verschlungen andre man verachtet;
Und also was gesehn, gehört, gedacht wird,
An kein Getanes darf der Mensch sich schließen.

Nicht Ansicht ja wird in der Welt er deuten,
Bei keinem Wissen, keinem Tugendwerke,
Als gleich sich selber keinem mehr vergleichen,
Nicht minder sich vermeinen und nicht edler.

065

Alter (1)

Kurze Frist nur lebt man, freilich,
Stirbt je eh' noch um sind hundert Jahre;
Und auch länger wer da bleibt am Leben,
Endlich muss er doch vor Alter sterben.

Traumgebilden gleich erschienen,
Die der Wache nicht mehr wahrnimmt,
Kann man vielgeliebte Wesen,
Erst entschwunden, nicht mehr finden.

Alter (2)

Nirgend ist der Denker angesiedelt,
Abgetan ist all sein lieb und unlieb;
Schwermut, Ungenügen trifft ihn nimmer,
Wie kein Tropfen bleibt am Lotusblatte.

Träufelt auf den Teich zwar Tau in Tropfen,
Lotusknospe kann er nicht benetzen;
Nicht benetzen kann es so den Denker,
Was auch sichtbar werde, hörbar, denkbar.

067

Späterhin (1)

Kein Dürsten nach dem Späterhin,
Dem Früherher nicht zugeneigt,
Inmitten unersinnbar sein:
So hat man vor sich kein Gesicht.

Der Zürnen nicht, nicht Fürchten kennt,
kein Prahlen, keinen Groll begreift,
Bedachtes ausspricht, ungespreizt:
Er schränkt als Denker ein das Wort.

Späterhin (2)

Er hofft nicht auf die Zukunft hin,
Vergang'nem seufzt er nicht mehr nach;
Er weicht vor jedem Eindruck aus,
Da lockt ihn keine Ansicht an.

Bei sich geborgen, ohne Trug,
Erspäht er und erwartet nichts,
Er drängt nicht vor sich, niemals dreist,
Verschollen wo man andre schilt*.

* abwertender Ausdruck

069

Späterhin (3)

An holden Dingen hangt* er nicht,
Und keinem Hochmut ahmt er nach;
Und wann er redet spricht er sanft,
Nicht gläubig, immer angeregt.

Um kein Erlangen müht er sich,
Erlangt er nichts, es gilt ihm gleich;
Kein Durst kann ihn mehr stacheln auf,
Noch schmachten lassen nach Geschmack.

* anhaften

*Späterhin (4)

Wohl ausgeglichen bleibt er klar,
Vergleicht nicht wieder sich der Welt,
Ob er da besser, schlechter sei,
Wird also nimmer sein empört.

Wer nicht mehr ein sich pflanzen mag,
Die Lehre merkt, uneingepflanzt,
Nach Sein und Nichtsein, wie es sei,
Ein Dürsten man da nimmer kennt.

071

Streit und Hader (1)

Aus Willen stammt was in der Welt man lieb hat,
So dass man durch die Welt begehrlich wandert:
Wo stammt die Hoffnung her, woher Erfüllung,
Um weiter noch den Menschen wegzuleiten.

Berührung lässt empfinden „lieb" und „unlieb",
Vergeht Berührung ist auch das geschwunden;
Nichtsein und Sein, was dieses dann bedeute,
Das künd' ich an dir als von hier entstanden.

Streit und Hader (2)

Begriff und Bild bedingen da Berührung,
Und aus Verlangen bau'n sich auf die Schranken;
Verlangen wo entschwindet endet Meinheit,
Wo Bild entwichen rührt Berührung nimmer.

Es sei das höchste Ziel erfunden also,
Des Helden Reine, hört man Weise rühmen,
Und mancher sagt, man find' es nur zuweilen;
Die nirgend an mehr hangen heißen kundig.

073

Eigenqual (1)

Begehren heiß' ich Strudelflut,
Ersehnen ein Erseufzen hier,
Ergreifen Einbegriffensein:
Den Sumpf der Wünsche kreuzt man schwer.

Der Weise weiß, und weiß genau,
Die Lehre merkt, uneingepflanzt:
Vollkommen zieht er durch die Welt,
Beneidet nirgend irgendwen.

Eigenqual (2)

Vollkommen bei Begriff und Bild
Verwinden wer da Meinheit mag,
Sich über Arges nicht mehr kränkt,
Ist unbesiegbar in der Welt.

Nicht ungebärdig, reizbar nicht,
Unregsam, überall sich gleich:
So wird Gewinn, ich künd' es an,
Dem Menschen ewig ausgewirkt.

075

Das Paar-Kapitel (1)

„Gescholten hat man mich, verletzt,
Hat mich besiegt, hat mich verlacht":
Wer solchen Sinn zu bannen weiß,
Von Feindschaft lässt er eilig ab.

Es wird ja Feindschaft nimmermehr
Durch Feindschaft wieder ausgesöhnt;
Nichtfeindschaft gibt Versöhnung an;
Das ist Gesetz von Ewigkeit.

Das Paar-Kapitel (2)

Wer Unreales wähnt real,
Reales aber unreal,
Der irren Sinnes Wandelnde
Erreichet nicht Realität.

Doch wer Reales weiß real
Und Unreales unreal,
Der rechten Sinnes Wandelnde
Eilt rüstig zur Realität.

077

Das Paar-Kapitel (3)

Gleichwie die Hütte, schlecht gedeckt,
Von Güssen rasch durchrieselt wird:
So wird ein schlecht gewahrtes Herz
Durchrieselt schleunig von Begier.

Gleichwie die Hütte, wohl gedeckt,
Von keinem Guss durchrieselt wird:
So wird ein wohl gewahrtes Herz
Durchrieselt nimmer von Begier.

Das Herz-Kapitel

Das unstete, zerstreute Herz,
Der wahren Lehre unkundig,
Das flatterhaft befriedigte,
Das reift zur Weisheit nicht heran.

Weit wandert, einsam schweift es hin,
Das Körperlose, Innerste,
Das Herz – wer das bezwingen kann,
Entkommt aus diesem Todesreich.

079

Das Blumen-Kapitel (1)

Nicht andrer Fehler, andrer Pein,
Nicht ihr Getan und Nichtgetan:
Blick' dir ins eigne Herz hinein,
Sieh' dein Getan und Nichtgetan.

Wie köstlich aufgeblühter Kelch,
Duftlos, doch voller Farbenreiz:
So ist ein schön gesprochnes Wort
Unwirksam, wenn kein Handeln folgt.

Das Blumen-Kapitel (2)

Wie köstlich aufgeblühter Kelch,
Voll Duft und voller Farbenreiz:
So ist ein schön gesproch'nes Wort
Erwirksam, wenn das Handeln folgt.

Gleichwie aus reichem Blumenkorb
Viel Kränze man erflechten kann:
So flechtet viel Verdienstliches
Der Sterbliche ins Leben ein.

081

Das Toren-Kapitel (1)

„Ich habe Kinder, habe Geld“:
Geschlag'nen Geistes denkt's der Tor!
Sich selbst besitzt man nicht einmal,
Geschweige Kind, geschweige Gut.

Ein Tor, der seine Torheit merkt,
Wahrhaftig weise heißt man ihn;
Ein Tor, der sich ein Weiser dünkt,
Wahrhaftig, der wird Tor genannt.

Das Toren-Kapitel (2)

Wenn auch sein ganzes Leben lang
Der Tor um einen Weisen ist,
Er wird die Wahrheit nicht versteh'n,
Dem Löffel in der Suppe gleich.

Wenn auch nur einen Augenblick
Der Sinnige den Weisen sieht,
Er wird die Wahrheit schnell versteh'n,
Gleichwie die Zunge Suppe schmeckt.

083

Das Toren-Kapitel (3)

Die jetzt vollbrachte böse Tat
Gerinnt nicht gleich, wie frische Milch:
Verzehrend folgt dem Toren sie,
Wie Feuer unter Asche glüht.

Sofern zu eig'nem Nachteil nur
Erkenntnis sich im Torenhaupt
Erhebt, erdrückt sein kleines Glück,
Das Hirn zermalmend, jählings sie.

Das Toren-Kapitel (4)

„Ich, ja, wahrhaftig, hab's gekonnt,
Sie alle mögen's wissen nur,
Die Weltlichen und Geistlichen,
Mir, wahrlich, soll an jedem Ort
Zu jeder Zeit in jedem Ding
Das ganze Volk zu Willen sein!" –
Das ist der Wunsch des Törichten,
Und heftiger wächst Gier und Stolz.

085

Das Weisen-Kapitel (1)

Als Schatzverkünder gelte dir
Ein Mann, der weiß was trefflich ist,
Der Denker, der das Wort erwägt,
Als Weiser sei er hochgeschätzt;
Verehrung eines solchen Manns
Führt Übel nicht, führt Wohl dir zu.

Das Weisen-Kapitel (2)

Wie tiefer klarer Alpensee
Hell durchsichtig im Lichte liegt,
Wird durch der Wahrheit laut'res Wort
Hell durchsichtig der Weisen Sinn.

Gar wenige des Menschenvolks
Durchkreuzen diesen Weltenstrom;
Das ganze übrige Geschlecht
Eilt nur am Ufer hin und her.

087

Das Tausenden-Kapitel (1)

Und seien's tausend Worte auch,
Geordnet ohne Sinn und Zweck:
Ein Sinnspruch ist vortrefflicher,
Der Frieden dem Vernehmer bringt.

Wer auch ein Tausend Strophen spricht,
Geordnet ohne Sinn und Zweck:
Ein Wahrheitsspruch ist trefflicher,
Der Frieden dem Vernehmer bringt.

Das Tausenden-Kapitel (2)

Nicht wer zehnhunderttausend Mann
Am Schlachtfeld überwältigt hat:
Wer einzig nur sich selbst besiegt,
Der wahrlich, ist der stärkste Held.

Vorzüglicher als Völkersieg
Ist eignen Herzens Bändigung,
Dem selbstbezwungen Lebenden,
Beständig standhaft Wandelnden.

089

Das Sünden-Kapitel

Auch einem Bösen geht es gut,
So lang das Böse nicht gereift;
Ist aber reif die böse Frucht,
Dann geht es schlecht dem schlechten Mann.

Auch einem Guten geht es schlecht,
So lang das Gute nicht gereift;
Ist aber reif die gute Frucht,
Dann geht es gut dem guten Mann.

Das Buddha-Kapitel

Wer bei dem Buddha, seinem Wort
Und seinen Jüngern Zuflucht fand,
Erkennt mit voller Weisheitkraft
Die heiligen vier Wahrheiten:

Das Leid, des Leidens Ursache,
Des Leidens Überwältigung,
Den heil'gen achtgeteilten Weg,
Der zu des Leidens Ende führt.

091

Das Glücks-Kapitel

Ein Sieg erzeuget Wut und Hass,
Besiegte leben unglücklich;
Glücklich lebt der Beruhigte,
Gleich fern von Sieges Lust und Not.

Kein Feuer brennt wie Lustbegier,
Kein Sündenübel gleicht dem Hass,
Kein Leiden gleicht dem Lebenswahn,
Kein größ'res Glück als höchste Ruh'.

Das Flecken-Kapitel

Dies wisse nur, o Menschensohn:
Verderblich ist der leichte Sinn!
Auf dass nicht Gier und blinder Wahn
Dich lange ketten an das Leid.

Wer aber alle Gier vertilgt,
Mit Stumpf und Stiel vernichtet hat,
Dem wird bei Tag, dem wird bei Nacht
Zuteil der Selbstvertiefung Glück.

093

Das Weg-Kapitel (1)

Der beste Weg ist der des Heils,
Die beste Wahrheit die des Leids,
Der Dinge bestes Heiligkeit,
Der beste Mensch der Sehende.

Ja, dieser ist der wahre Weg,
Kein andrer macht das Auge rein;
In seiner Fährte schreitet hin,
So blendet ihr den Herrscher Tod.

Das Weg-Kapitel (2)

„Das ganze Sein fließt immerfort“ –
Wer dies mit weisem Sinne sieht,
Wird bald des Leidelebens satt:
Das ist der Weg zur Läuterung.

„Die ganze Welt ist wesenlos“ –
Wer dies mit weisem Sinne sieht,
Wird bald des Leidelebens satt:
Das ist der Weg zur Läuterung.

095

Das Elefanten-Kapitel (1)

Gut sind gezähmte Maultiere,
Gut edle Pferde, wohlgehegt,
Gut Elefanten, sanft gemacht:
Doch besser der sich selbst bezähmt.

Denn wahrlich: keins von diesen führt
Ins unbetret'ne Reich dich hin,
Wohin mit wohlbezähmtem Selbst
Der Selbstbesieger hingelangt.

Das Elefanten-Kapitel (2)

Ein Glück sind Freunde, wenn uns Not betroffen,
Ein Glück Zufriedenheit, sei's diese, jene,
Ein Glück der edle Sinn beim Lebensende,
Ein Glück das ganze Leiden zu verlassen.

Ein Glück ist stete Redlichkeit,
Ein Glück gesichertes Vertrau'n,
Ein Glück nichts Böses je zu tun,
Ein Glück weisheitergriffen sein.

097

Das Lust-Kapitel (1)

Wer Dutzenden von Luftströmen,
Die mächtig durch sein Mark rinnen,
Von Willensgier betöret folgt,
Den Tollen fegt die Flut hinweg.

Die Fluten fließen überall,
Aufschießend steht das Unkraut da;
Habt ihr das Unkraut wachsen sehn,
Reißt weise ihm die Wurzel aus.

Das Lust-Kapitel (2)

In des Begehrens Fluss hinfließend,
Befriedigen die Wesen ihre Lust,
Die reizberückten, Wohlsein wünschenden
Gehen wieder zu Geburt und Alter hin.

Wer nach Nirvana seinen Willen hingewandt,
Willenserlöst ist er und dennoch willensvoll;
Seht ihn, betrachtet einen solchen:
Erlöst ist er und eilt zum Bunde hin!

099

Das Mönch-Kapitel (1)

Beim Seh'n behüten sich ist gut,
Gut, sich behüten beim Gehör,
Beim Riechen hüten sich ist gut,
Gut, sich behüten beim Geschmack,

Beim Fühlen hüten sich ist gut,
Gut, sich behüten beim Gespräch,
Beim Denken hüten sich ist gut,
Gut, überall behüten sich.

Das Mönch-Kapitel (2)

Ein Mönch, der mit bezähmtem Mund,
Von Hochmut frei, zu sprechen weiß
Und Wahrheit zeigt und Wahrheit lehrt:
Des' Rede ist wie Honig süß.

Wem gänzlich alles Ich und Mir
In diesem Scheindasein entschwand,
Und Kummer nicht im Busen brennt:
Ein solcher, ja, wird „Mönch" genannt.

101

Das Mönch-Kapitel (3)

Nicht wird Vertiefung Unweisem,
Und Weisheit Unvertieftem nicht;
Der selbstvertiefte weise Mönch,
O, der ist dem Nirvana nah.

Wenn immer tiefer er durchschaut
Dies Lebensterbens-Wandelsein,
Ergreift ihn Wonneseligkeit,
Da er das Ewige erkennt.

Das Mönch-Kapitel (4)

Gleichwie die Staude des Jasmins
Die welken Blüten schüttelt ab:
So werfet Gier, so werfet Hass,
Ihr Jünger, weit hinweg von euch.

Du selbst treib' rüstig an dich selbst
Und läutre dich durch dich allein;
So, selbstbehütet, einsichtsvoll,
Wirst glücklich weilen du, o Mönch.

103

Das Heiligen-Kapitel (1)

Wenn beide Pole dieses Seins
Der Heil'ge überwunden hat,
Dann fallen alle Fesseln ab
Von ihm, dem klar Verstehenden.

Wem Jenseits so wie Diesseits schwand,
Wem Diesseits, Jenseits nicht mehr gilt,
Den Stachellosen, Seinlosen,
Den heiß' ich einen Heiligen.

Das Heiligen-Kapitel (2)

Nicht Haargeflecht, nicht Ahnenzahl,
Nicht hoher Rang macht heilig dich:
Doch wenn du wahrer Lehre folgst,
Dann wirst du rein, wirst Heiliger.

Wer Schmähung, Schläge, Haft und Tod
Geduldig, ruhig, sanft erträgt,
Den Dulderheld, der herrlich taugt:
Den heiß' ich einen Heiligen.

105

Das Heiligen-Kapitel (3)

Der Leiden Ende wer es da
Hiernieden noch an sich erfährt,
Von Lasten ledig, Fesseln frei:
Den heiß' ich einen Heiligen.

Der tief bedacht ist, weise will,
Den Weg und Abweg deutlich schaut,
Das höchste Gut errungen hat:
Den heiß' ich einen Heiligen.

Das Heiligen-Kapitel (4)

Wutlos in dieser Wütenswelt,
Wehrlos in dieser Waffenwelt,
Wunschlos in dieser Wunscheswelt:
Den heiß' ich einen Heiligen.

Wer ohne Ärger, ohne Grimm
Der Wahrheit klare Sprache spricht,
Wodurch er keinen kränken kann,
Den heiß' ich einen Heiligen.

107

Das Heiligen-Kapitel (5)

Wer nichts erhofft von dieser Welt,
Wer nichts erhofft von jener Welt,
Von Hoffnung heil ist, fesselfrei,
Den heiß' ich einen Heiligen.

Wer nirgend haften, hangen kann,
In Weisheit nimmer ungewiss,
Am ew'gen Ufer angelangt:
Den heiß' ich einen Heiligen.

Das Heiligen-Kapitel (6)

Den Helden, Hocherhabenen,
Den Klaren, Allvollkommenen,
Den Wachen, den Vollendeten,
Den heiß' ich einen Heiligen.

Vergangen Dasein, wer das kennt,
Und die Geburten hat versiegt,
Alleinig durch die Dinge schaut:
Den heiß' ich einen Heiligen.

Text-Zuordnung

Alle Verse sind folgendem Werk entnommen:
„Die Reden des Buddha – Sammlung in Versen", aus
dem Pali-Kanon übersetzt von Karl Eugen Neumann,
erschienen im Verlag Beyerlein & Steinschulte. Dort
sind sie unter den Vers- und Seitennummern zu finden

Bild-Zuordnung

Die Bilder sind auf je zwei Pilgerreisen nach Indien und Sri Lanka entstanden. Die Abkürzungen bedeuten:
IND (Indien): BG (Bodh Gaya), SA (Sarnath), NA (Nalanda), GE (Geierberg), k.A. (keine Angabe), SRI (Sri Lanka): AN (Anuradhapura), MI (Mihitale) DA (Dambulla), KA (Kandy), PO (Pollonaruwa).

001 IND-BG	028 IND-NA	055 SRI-DA	082 SRI-KA
002 IND-BG	029 IND-NA	056 SRI-PO	ß83 IND-BG
003 IND-BG	030 IND-NA	057 SRI-DA	084 IND-SA
004 IND-BG	031 IND-NA	058 SRI-k.A.	085 IND-BG
005 IND-BG	032 IND-BG	059 SRI-k.A.	086 IND-BG
006 IND-k.A.	033 SRI-KA	060 IND-BG	087 IND-BG
007 SRI-DA	034 SRI-DA	061 SRI-KA	088 IND-BG
008 SRI-DA	035 SRI-DA	062 IND-SA	089 IND-BG
009 SRI-PO	036 SRI-AN	063 SRI-PO	090 SRI-AN
010 IND-k.A.	037 SRI-PO	064 SRI-AN	091 IND-BG
011 SRI-MI	038 SRI-PO	065 SRI-PO	092 IND-BG
012 SRI-k.A.	039 SRI-PO	066 SRI-PO	093 SRI-AN
013 SRI-PO	040 SRI-AN	067 SRI-DA	094 SRI-AN
014 SRI-MI	041 SRI-AN	068 SRI-DA	095 SRI-AN
015 SRI-AN	042 IND-k.A.	069 SRI-MI	096 SRI-AN
016 SRI-DA	043 IND-Dehli	070 SRI-MI	097 IND-BG
017 SRI-PO	044 SRI-KA	071 SRI-DA	098 SRI-AN
018 SRI-PO	045 SRI-PO	072 SRI-MI	099 IND-BG
019 SRI-PO	046 SRI-AN	073 IND-BG	100 IND-GE
020 SRI-DA	047 SRI-AN	074 IND-BG	101 IND-SA
021 IND-SA	048 SRI-DA	075 SRI-DA	102 SRI-AN
022 IND-SA	049 SRI-PO	076 SRI-DA	103 IND-BG
023 IND-GE	050 SRI-PO	077 SRI-PO	104 IND-BG
024 IND-GE	051 SRI-DA	078 SRI-AN	105 IND-BG
025 IND-SA	052 SRI-DA	079 SRI-AN	106 IND-BG
026 IND-SA	053 SRI-DA	080 IND-BG	107 IND-SA
027 IND-SA	054 SRI-DA	081 IND-BG	108 IND-BG